일종의 마음

이제야 시집

시인동네 시인선 205   이제야 시집

일종의 마음

시인동네

시인의 말

다정한 햇볕이 쏟아지던 날은
올리브나무를 접어두는 습관이 생겼다.
다행이라는 마음들이
사실은 다정하지 않다는 인사 같아서
일종의 마음이라고 적었다.
더 애쓰지 못한 쓸모들이 우리라서
마음들에 처음만 두기로 했다.
자다 깬 아이가 정원으로 갔다.
올리브나무를 다시 펼쳤다.
끝이 없는 일종의 우리들을 위해

2023년 5월
이제야

차례

시인의 말

제1부

나의 정원 · 13
하품까지만 사랑해 · 14
빛의 날씨 · 16
당연한 잊음 · 18
가든한 바다 · 20
낭만의 역할 2 · 22
보편적인 슬픔 · 24
유자차를 타는 시간 · 26
첫 줄 · 27
환절기의 밤 · 28
고요한 외로움 · 30
녘의 시간 · 32
무늬의 색 · 34

제2부

벽에 기댄 화분 · 37

우리의 바다 · 38

빈 소녀에게 · 40

커튼의 속도 · 42

접은 말들 · 44

아주 조용한 이야기 · 46

오롯한 밤 · 48

설익은 밤 · 49

끝의 마음 · 50

위로의 자리 · 52

그만큼의 이야기 · 54

모든 요일은 환절기 · 56

잊을 자리 · 58

제3부

노인과 숲 · 61

우주의 기억 · 62

블랙홀 · 64

잊힘에게 · 66

외출 · 68

깊이에게 · 70

벙긋한 밤 · 72

완전해지는 밤 · 74

구름과 그네 · 76

일종의 마음 · 78

보색에게 · 80

Dear · 82

언제의 시간 · 84

제4부

가장 작은 위로 · 87

배웅 · 88

어쿠스틱 방 · 90

넉넉한 일 · 92

홍차 · 94

낭독회 · 96

시간의 겹 · 98

다정한 여름 · 100

해설 그러니 사랑하라, 보통의 날들을!
한 번도 사랑하지 않은 것처럼 · 101
장예원(문학평론가)

제1부

나의 정원

시든 꽃을 말리는 것이
떠난 사람을 오래 기억하는 방법이라 했다

시든 꽃에 매일 물을 주었다
다시 피어나지 않을 약속을 알지만
떠나보지 않았다면
꽃은 밤이 슬픔임을 알지 못했을 거야

더는 자라나지 않는 감정을
지켜주고 키워주고 보듬는 오늘은 무얼까

아끼는 날들에 내일이 없는데
묵묵한 날들이 줄을 지어 서 있고
말린 꽃은 어제보다 오늘 더 꽃이 아닌 꽃이 되어간다
우리처럼

나는 너를 사랑했으므로
오늘도 물을 준다 자라나는 만큼 자라지 않는 것들에게

하품까지만 사랑해

창밖을 보다가 우리는
다른 나무 위를 걸었다

꼭 잠들기 전까지만

달이 서로 다른 아침을
해가 서로 다른 밤을
따로 또 같이 만나듯
그렇게 걸었다

같은 창으로 다른 오후를 만나는 것은
다른 창에서 같은 목도리를 두르는 것은
사랑하면서 할 수 있는 일

서로를 향해 뒤로 걷다가
서로의 꿈을 꾸다가
서로를 위해 꿈이 되는 일

각자의 세계로 가는 시간,
하품 앞에서
잠시 사랑도 꿈을 꾸게 하자

꼭 잠들 때까지

빛의 날씨

창문이 햇빛을 버릴 때가 있다
쏟아지는 것에는 자리가 필요했다

빈 공원에 의자들을 놓으면
제자리를 찾아 앉는 사람들이 있었다

의자에 앉았던 사람들이 책을 읽다가 잠들었고
그것을 사랑이라고 했다

돌아가지 않을 것과 돌아오지 않겠다는 것

잠에서 깨어나면 장마철이 되어 있었고
모두가 젖은 옷을 입고 돌아갔다

단꿈이라는 속도는 각인되기 좋은 마음이었지

한때, 모두였던 구간 속에 낡아가는 순간들이 오고
누군가는 떠났다

너무 많이 다정할수록 닳아 없어진다던 말

사라지기 위해 익숙했을까

쏟아진 햇빛을 담을 곳이 없어서 창문에 그리기로 했다

아침에 뜬 달에는 어젯밤 흔적이 있다는데
기억보다는 새긴다는 마음이었다

당연한 잊음

낮을 수놓는 사람이 있었지
구름이 깨지는 일이 어떤 믿음의 자세라면
당연한 잊음이 있을 텐데

깨어지지 않기 위해 수놓는 것이 기억이라고
나무가 빼곡한 하늘을 걷는 기분이야
사라지지 않는 자국이 있는 어느 여름날에

다리를 두드려 보면 건너지 않은 손때가 가득해
당연하지 않은 기억이 당연한 잊음이 되고

낮이 수놓아진 밤들이 다른 잊음을 밀어내는 순간
날아다니던 너와 내가 무늬로 앉는 그 자리에 있었지

언젠가는 말이야, 우리가
꽃에 뜨거운 물을 주는 그날에 우리를 안아줄게
자국이 무늬를 선명하게 해주는 우주의 노래를

가장 따뜻한 싹을 피우며 말해주도록 하자
가장 선명한 동화가 된, 수놓은 낮을

가든한 바다

두 개의 바다에 해가 뜨고 지는 어느 평범한 여름밤이었지
파도가 없었지 노래가 파도의 일이라는 거짓말을 믿었다

바다에 마음이 생겼고
낮과 밤처럼 바다가 시간인 때를 살았지
우연한 순간이 유일해졌지
때론 거스르고 싶지 않은 끌림이 있듯이

  유일한 너를 위해 굳어지고 싶었던 밤
  다정하지 못해 떠나는 안부들에게 바다는 가장 큰 그림자를 가진다는데
  두 개의 바다가 마음을 갖는 것은 어쩌면 매일 같은 색으로 사는 일

  온도만으로 살아가는 것이 파도의 일이라고 했지

  매일 바다에 그림을 그린다는 노인의 꿈은 바다에 화분을 심는 것이고

우리는 더 힘껏 바다가 되는 노래를 불렀다

자고 일어나면 어제와 더 똑같아지는 것이 소망이라지

사랑한 모든 것들에게 슬퍼하지 않을 수 있도록 더 가든한 바다가 되어
온도가 살아가는 방법은 무던한 마음뿐
더 마음다워지기로 했지

낭만의 역할 2

가장 시월다운 달을 찾아서 책에 꽂아줄게

찾지 못한 날들에 대한 묵묵한 기다림이, 끝날 때

달을 굴려 만든 눈사람이 꽃밭에 가득할 거야

담담한 믿음으로 낭만이 깨어있는 새벽을 지나가 보자

누구에게나 어느 밤 묻어둔 가을 방학이 있지

오랜만에 낡은 서랍을 여는 날이 있지

아직도 접시에 꽃밥을 올려 내어주는 할머니에게

어느 날은 입김 없는 달콤한 밥이 매일을 꿈꾸게 했다

어여쁜 할머니의 주머니에 오랜 어느 날을 넣어주어

가장 아름다운 자장가를 듣는 어느 밤으로 돌려보냈지

보드랍고 사랑스러운 옹알이가 꽃밥 반찬으로 피었고

남은 생이 헤프지 않은 할머니는 저녁 식사를 했다

시월다운 달을 꽉 쥐어 넣어둔 책을 펼친 어느 날에

낭만에게 가는 법은 낭만이었다

녹아가는 낭만을 다시 서랍에 넣고 잠이 들었다

꽃밭에 세워둔 눈사람이 녹아간다

보편적인 슬픔

슬픔이 슬퍼지지 않는다는 동화가 있지

아무도 울지 않은 의자가 있다는데
열두 번을 돌아온 사람들이 모여 있었지

슬픔이 덧댈수록 슬퍼지지 않는다는 말

이것은 어쩌면 아주 흔한 이야기

덧대어본 울음이 울지 않는 법을 안다면
우리는 어떤 슬픔으로 웃으며 만날 수 있겠지

어쩌면 나에게만 슬픔일 수 있는 이야기

덧댄 마음들에 모든 슬픔이 달아날 때
누군가 혼자, 쌓이는 의자에 앉아 슬픔에 두께를 준다

아무도 울지 않았던 의자가 있겠지

아픔이 없는 밤에 묵묵히 슬픔을 쓸어 담던 사람아
아프지 않을 수 있지, 아프지 않을 때가 된 거지

이것은 너무나 보편적인 매일의 이야기

열두 번을 돌아간 의자 아래에 꽃이 뭉게뭉게 피어날 때쯤
보편적인 의자에 사람들이 앉는다,
열세 번째 슬픔을 준비하는 슬픔 없는 사람 뒤로

유자차를 타는 시간

그로 인하여,
그로 인한다는 말에 대해 생각한다

한 번도 태어나지 못했던 유자 화분에게 잎이 생기고
문을 닫는 바람에게도 할 말이 있는 계절에

사랑해본 적 없던 주전자에게도 파도가 생겼다

유자차를 타던 밤이었다

퍼져 나가며 달콤해지던 우리였고
그럼으로, 그러므로 그릴 수 없는 밤이 생겼다

한때, 라는 새싹이 언젠가 잎을 뻗을 때
컵 속에 있는 시계에 시간을 다시 맞추었다

심어본 적이 없는 시간에 사는 것 같다

첫 줄

어떤 날에는 벽 틈 사이에도 구름이 뜬다
좁아진 종이에 말들이 많아지면 시작되는 시가 있었지

우주가 내일의 날씨를 모르던 날에 꽃이 피었고
넓은 종이에도 마음을 쓸 수 없던 날이 있었다

다음 행을 알 수 없는 시가 안부를 닮아서
오지 않을 사람은 악보를 그린다는데
무너진 벽에 내린 비가 햇빛보다 강할 수 있을까

조용한 시를 벽에 쓰던 사람이 있었다
안부가 많은 사람에게 태어나지 않은 첫 줄이
기다림이 긴 사람에게 흘러오고 있었다

바람이 뜨겁던 밤 우리가 잡은 손 사이로
언제든 자라지 않을 준비가 된 거리가 있었다

다음 잎이 자라날 틈을 닦았다

환절기의 밤

매일 환절기를 사는 것 같다

보내는 것은 묻은 바람을 털어내는 일인데

한여름 밤의 가로등 아래 있던 사람에게
늦여름으로 가는 길을 물은 적이 있다

여름인데, 여름으로 가는 길이 궁금했던 밤

우리에게로 걸어가고 있는데도 그리웠던 것처럼

서리고 바랜 시간들에는 결이 만들어져서
간단한 경계로 구분할 수 없는 힘이 생긴다

얇은 옷들 사이에도 계절이 바뀔 수 있었고

가장 긴 밤을 사는 이유에 대해 아침은 묻지 않았다

여름 기차를 탄 사람과 약속을 잡았을 때
다음 창문에서 옷을 갈아입었다

여름의 결들이 모이는 방식처럼

얇은 날들이 빼곡히 옷장에 있다
초여름을 사는 나뭇잎에는 여름이라는 이름만 남듯이

고요한 외로움

우리는 낮에 뜨는 달을 바라보았다

다가가는 계절이 분주해서 혼잣말이 많아진 저녁

곁이 되기 위해서는 잊어야 한다고 했다
매일 꿈을 꾸듯
가장 완벽한 순간이 되고 싶던 적이 있다

한 번쯤 마주하고 싶은 저마다의 마음과
저마다의 기억이

낮에 뜨는 달에게 밤은 낮을 기다리는 소멸 어디쯤

가장 완벽한 숲에 너의 나무를 심어둔다
한 번쯤 피어나도록

시간의 뒷모습을 바라보는 사람은
하나의 외로움이 된다는데

텅 빈 달의 하늘에 낮에 뜨는 구름을 채워두었다

더 사랑하고 싶어서 그늘이 된다는
달의 동화를 외웠을 때쯤

녘의 시간

책갈피를 꽂아둔 문장이 사라지는 꿈을 꿨다

어느 날이 모든 날이 되는 것
그것을 겹이라고

가만한 모든 것에도 때가 있어서 곳곳이 다정하고
어떤 날도 보통보다 평범하지 않았다
가장 보통의 우리는
시간을 돌아가 본 사람

조각은 맞추지 않을 때 더 빛난다는데
조각의 겹은 희미하고

희미해진 녘들 사이로 잊지 않기로 한 순간들이 있다

여행의 끝에 서 보면 잠잠한 모든 것에는
우리가 있었다

사랑한 모든 것들이 가진 그림자의 이름으로 녘이 되고

낮잠에서 깼다
며칠이 지났다

한때 모든 것이었던 가을 방학처럼

무늬의 색

물로 그림을 그리는 날이 있다

하늘색은 하늘의 색이 아니라는데

사랑을 했었지, 마음이 했었던 날들이었지

며칠간 신비로울 만큼 많은 햇빛이 쏟아졌다

우리의 색은 나와 맞지 않아, 네가 그랬다

햇빛에 바랜 나는 흑백으로 변해가고

복잡한 퍼즐 조각을 맞춰가던 아이처럼 나는 헤맸다

물로 그림을 그리는데 더 선명해지는 것들 사이에서

가장 희미해지고 싶던 날이 있다

제2부

벽에 기댄 화분

영원할 수 없는 사람은
일몰을 가장 가까이에서 안을 수 있는 사람이다

내일의 마음에 영원을 두지 않는 것이 사랑이라면
어느 날이 가장 아름다운 날이었다

언제나 우리는 바다로 뛰어들 준비가 되어 있었지

사랑하지 않도록 더 깊은 곳으로 가자
영원하지 않은 것들의 약속에게 기대하자

달이 뜨는 일이 아침의 날씨를 모르듯

벽에 기댄 화분에게도
그림자가 생기는 날처럼

우리의 바다

마음이 마음으로 가는 시간은
작은 민들레가 해바라기가 되고 싶은 소망, 같은 것

그늘의 키보다 힘껏 안아주고 싶은 그런 일

언제나 구름에 닿지 못한 마음들이 고개를 숙였다

나른해지는 오후가 가장 사랑하기 좋은 때야 위로했지

햇빛에도 웃는다는 민들레가 외로움을 느낀 어느 날에
옷장에서 겨울 외투를 꺼내 덮어준 적이 있었다

완성되지 못한 그림들이 걸려 있는 방에도 들꽃이 피어날까

작은 들꽃이 해바라기의 그늘에서 마음을 키우는 동안
더 사랑하지 못한 마음의 날들을 들꽃이 세어보는 동안

모든 날이 보통 날이 되어가는 날이다

기다리지 않음으로 가까워지는 것들이 있었다

더 새파란 하늘을 보고 싶은 해바라기에게
더 넓은 걸음으로 달리는 속도가 생기는 것처럼

마음이 마음에게 가는 방법을 적었다

오후 해에 말렸다

빈 소녀에게

달에 부는 바람이 유난히 서걱이는 날이었다

달콤한 말들에게서 떠나왔다
머리에 퍼져 있는 그림자들을 밟았다

서러움을 덮어주던 고운 것들에게서 달아나
텅 빈 햇빛에 대해 생각한다
당연하다 생각했던 것들에 대해

고단한 우리들이 가여운 서로를 거슬러 올라갈 때
혼자이길 바라는 마음이 혼자가 되지 못할 때

가여워라, 가든한 모두를 위한 축제를 열자
더 가볍게 끌어안을 혼자가 되어 만나자

빈 길을 걸어가는 소녀를 본 날이었다
쏟아지는 햇빛에 돋을볕을 한 움큼 쥐어 던져줄게

외롭지 않기를 모든 당연한 것들이

사랑하여라, 바야흐로 너를

커튼의 속도

지나간다는 말이 지날 때
지나지 않는 것들의 이야기가 있다

그 말들 사이로 이야기들이 필 때,

지나가는 것에게 어떤 제목을 주어야 할까

지나는 것을 봤다는 사람의 기차가
지나지 않는 것이 있다는 사람을 태우고 간다

지나지 못해 내리는 사람이 있을 때
기차는 다시 지나갔다

지나갈 사람들이 다음 역에서 탈 때
지나가기 위해 오는 것에게 어떤 제목을 주어야 할까

우리를 우리로써 이해하기에는
지나가는 것들이 너무나 많아

지나는 것을 봤다던 손가락 사이는
어쩌면 뜨거운 심장을 갖다 댄 자리

지나간다는 말이 지나는 길

지나지 않을 것들에 대한 위로가 있다

접은 말들

말린 꽃을 피워본 날이 있었다

어깨를 움츠린 사람을 보면 안아주고 싶을 때가 있었는데
피우지 못한 마음들이 생각나는 듯

보드라운 시간들에는 밀도가 있다

입맞춤에도 끝에는 마르는 열정이 있었던 어느 날에

한 잎씩 꽃잎을 떼어가며 시간을 거스르던 어린 아이는
바래지는 마음을 뿌리던 어른이 되어 있었다

꽃을 말리는 것은
지나가 버릴 것들과 지나가지 않은 것에 대한 그 중간쯤의
시간인데

펼쳐진다는 게 다시 마음을 피우는 것이 아님을

접은 말들이 많은 사람이라면 알겠지
얇은 숨을 쉬는 날들이 있다

틈을 잊지 않는 것이 말린 꽃에 대한 예의라는데
거꾸로 가는 열정에는 상대가 없다고 했지

불어나는 밀물 앞에서는 무엇이든 안고 싶어진다

사랑했던 것과 사랑할 수 없는 것과
다시 펼쳐져서 보이는 아련함의 간지러움 같은 것들

바다에 꽃을 심는다면 영원히 마르지 않을까

말린 꽃을 피우고 싶은 날이 있었다
피우고 싶은 것들에는 영원의 호흡이 있고

아주 조용한 이야기

내릴 곳을 묻지 않는 곳이 있었지

버스가 보이지 않을 때까지 마음이 보인다는 곳에
이미 도착했어야 할 사람에게 부치는 낭독회가 열린다

기대하지 않아도 좋을 일들의 일기장과 날씨는 언제나 맑음

아픈 내일에도 내일의 할 일이 빼곡한 아이의 마음처럼
내리는 사람 없는 정류장에는 기다리는 사람이 가장 많은데

지나치지 않는 위로와 멈추지 않는 안부 사이쯤
우리가 있고
그곳에 꽃을 심는 소녀는 늙지 않는 어른이 되어갔다

기다림이 익숙한 사람에게는
언제나 더 기다릴 이유가 생기고

오늘도 문을 열어주는 버스와 입김을 불어 안부를 쓰는 손에게

장마가 시작됐다 부치지 않은 편지들이 쌓여갈 때쯤

오롯한 밤

바라지 않음으로 피어나는 잎들이 있었지

인어공주에게도 가을을 살고 싶은 날이 있듯이

가장 완벽한 볕이 드는 그런 골목에서 손을 잡고 걸었고

바람 냄새가 느껴질 만큼 떨어져 날아가는 새가 있었다

혼자일 수 있는 아침은 언제든 준비된 허전함 같은 것

계절에게 가장 솔직할 수 있는 마음으로 숲을 심었던 날들

기댈 수 없는 것들이 숲에서 멀어져 갈 때쯤 혼자였다

한쪽 소매만 낡아가는 옷을 벗었다

빈 종이에 적힌 말을 읽지 못해 인어공주는 바다로 간다

설익은 밤

어제 깎다 만 사과를 다시 깎는 아침이다

남겨둔 것에는 그만한 밤이 있는데

돌아보지 않으면 안 될 야생화의 침묵 같았다

더 달콤하기 위한 담담한 흐름 사이에는

돌아가지 못할 늦은 안부들이 피어나는데

사과를 깎으며 얼마나 더 계절에 닮을 수 있을까

아침이 되어도 아무도 껍질을 닦아주지 않았다

그렇게 혼자 익어가는 밤들 위로

아직 익어갈 수 없는 밤들이 부르고 있었다

끝의 마음

벽돌을 쌓던 밤이 있었지
어느가 오지 않는 것이 아니라 못하는 것이라는
나의 위로가 벽돌을 올리는 밤

쌓아도 숨겨지지 않아서
쌓이는 것이 숨길 수 없는 것임을

쌓는다는 것이 쌓아지는 시간임을 알아갈 때

마음대로 마음만큼 마음처럼
원하는 만큼 작아질 수 있다는 간단한 작별의 방법

시간을 쌓아온 마음 둘에게
접는 마음과 작아지는 마음이 되는

얇아질 수 없는 햇볕을 만드는 일 같은
잊히는 모든 것의 공통 이야기

꽃의 절기를 결정짓는 것은
쌓아지는 것이 얇아지는 믿음이면 될까

벽돌을 쌓던 아침이 있었지
무너지고 싶지 않은 사람이 만드는 집에는
쌓인 것들이 피어나 지붕이 된다는데

위로의 자리

위로의 방법에는 표정이 있다는데
어떤 계절에도 녹슬지 않는 다정함이었다

아침이 되면 더 뭉툭해진 슬픔이기를 기다렸지만
아무도 가져올 수 없는 울음의 자리가 있었다

어떤 표정이 위로가 될 수 있을까
슬픔에게

벽에 기댄 그림에 꽃을 말려둔다

말라가는 시간을 지켜주는 것이 위로일 수 없지만
곁이라는 자리에서 표정을 짓고 싶었던 날들

위로는 안아줄 수가 없어서 녹슬지 않는다는
모든 포옹을 빌려도 손이 모자란 흰 눈의 마음 같았다

빈 하늘에 액자들을 걸어두자 바래지도록

숨길 수 없는 슬픔들이 날아다닐 수 있는 정원이 될게

어떤 계절에도 늘 뭉툭한 외로움이 있었다

그만큼의 이야기

읽기 힘든 이야기를 볼 수 있는 터널로 가 주세요

물에 번진 종이 같던 기억들이 종이접기하듯 선명해집니다

알고 싶지 않아서 알 수 없던 것들과 마주하는 터널 앞에서
그만큼의 이야기를 그만큼의 장면으로 만드는 것이 시간이라지요

흐릿함의 오해와 선명함의 안부 그 사이쯤,
이미 끝을 알고 연주되는 교향곡 앞에서 감정을 준비할 수 있을까요

익숙한 순서가 모든 끝을 준비해주지는 않겠지요

그만큼의 이야기가 쌓일 때면 터널에 꽃이 피어난다는데

짐작할 수 있는 이야기들 사이에 영원히 모르고 싶은 우리가 있겠지만

알고 있는 계절과 알게 될 날씨의 끝은 언제나 달랐습니다

구름을 그리면 곧 끝이 나는 그림을 그리던 아이가 생각났지요

모든 요일은 환절기

어느 우리를 보내고 돌아오던 골목길에 서 있었다

놓아준 적 없는 것을 가장 잘 보내준 그날 꽃을 심었다
종이에 물로 쓴 편지를 받은 사람을 만났다

흐려진 약속들로 사계절을 만들면 우리의 야상곡이 될지도 모른다고 했다
달빛을 가만히 들여다보면 어린 네가 있었다
온전한 너로서

오래전에 심어둔 파란 하늘은 스쳐 가는 것들이 가장 익숙하다는데
한 번도 떠나 보내지 않은 것들을 안고 사는 섭섭한 오후 같았다

문을 열어두면 어느 날이 오후에 왔다가 밤이 되어 나갔다
단잠을 잤다

모든 시간으로 가려면 건너는 법을 알아야지
오지 않은 아침의 말들에게 물었다

물에 번진 종이가 다시 자라나 올리브나무가 된다는 약속,

놓아준 적 없는 햇빛에도 마음이 그을린다
위로되지 않는 여름날 우정처럼

잊을 자리

갑자기 핀 꽃이 내일 더 흐드러질 것 같다

피우고 싶지 않던 꽃이 화분에 자라날 때쯤

흙을 버리지 않은 위로에 대해 생각했다

그 자리에 두는 것이 잊는 거야 그것이 이별이라고

화분의 자리는 이별이 아닌 해마다의 기억 같고

잊을 시간의 자리를 주지 않았다

화분 흙을 쓰다듬어보면 오래된 물이 고여 있었다

보듬지 않은 기억은 아무 다정함 없이도 영원을 사는

물을 닦아내도 어제가 내일처럼 가 있었다

제3부

노인과 숲

나무에 기댄 아침이 있었고
구름이 낮보다 환한 밤도 있었다

두 사람은 정해진 그림처럼 항상 걸었다
같은 곳이었다

다정하게 무뎌지고 익숙해지는 바람과
돌아올 계절의 이야기를 짐작할 수 있을까

무엇이든 껴안는 남자가 노인이 되어 혼자 걷고
절을 지키는 사람과 묻힌 사람이 걷는 숲속

가사 없는 교향곡이 들렸다

눈이 오고 꽃잎이 짓무른 어느 여름날이었다

사랑이라는 마음이라는 어느 날에는
시간이 약속이 아닌 일이 있었다

우주의 기억

돌아가고 싶은 우주가 있다면 평범했던 어느 날이고 싶어

가장 평범한 말로 가장 보통의 사랑을 하는 여느 날에

해주지 못한 말들이 흐려진 우리는 다정해졌다

지금 너에게 우주에서는 해줄 수 없는 이야기가 있어

말들의 여느 생이 몇 번을 돌아 계절이 될까

여느 말들이 맘껏 떠다니다가 앉은 기억쯤

아직 읽지 않은 책 한 쪽이 남아 있었다 쓴 달콤함으로

보내지 않은 말들을 묶어 마음에 놓아두는데

어느 밤에는 등에 기대 노래를 부르는 꿈을 꿨다

다정하고 따뜻한 혼잣말이 가장 위로가 되는 때가 있었다

계절에는 짐작이 있다는데 흩어진 말이 감기를 앓고

가장 들려주고 싶던 말들은 사랑이 되지 못한 구름 같아

하고 싶은 말과 듣고 싶던 말들이 모여 노을이 된다는 믿음으로

우주로 떠난 너에게 가장 하고 싶던 말이 피어난다

블랙홀

우리는 사랑하지 않는 것들에 대해 이야기했다

사랑하는 것이 사라져갈 때쯤
돌아갈 수 없는 곳에 가려면 다시 사랑하는 방법뿐인데

사랑하고 싶지 않지만
다시 가고 싶은 마음이 있고

돌아갈 수 없는 곳에 가려면 사랑하지 않는 방법뿐인데

다시 오지 않을 흰 눈을 기다리는 길에 어떤 빛이 쏟아지면
사랑하지 않으려고
사랑하는 것을 세어보는 밤이 된다

다시 사랑하지 않는 때로 돌아가려면 사랑하는 방법뿐

여기까지, 반복될 수 없는 우리를 알아차린 마음의 말에
우리는 사랑하는 것들에 대해 이야기하기로 한다

돌이키는 모든 것에는 돌아갈 곳이 완전하지 않아서
깨진 창문 위에도 사계절 빛이 돌고 오후가 스민다

사랑하지 않기 위해 사랑하는 방법도 있다

잊힘에게

잃기 쉬운 마음에게서 멀어진다

사계절이 선명했던 그림들에서 하나씩 지워나가는 시간

잊기로 한 날들이 읽기 쉬웠던 마음처럼 다정해지는데

낮에 뜨는 달이 너를 향한 꿈이고 싶던 적이 있다

지나간다 그 말이 잊어가는 속도를 위로할 수 있을까

붙잡을 수 없는 그림자들이 많아지는 밤

한때였지, 사랑하지 않을 만큼 잊히고 싶지 않은 때가

그림자에게도 낮에 뜨고 싶은 꿈이 있었다

이름을 가진 여느 날들을 살아가는 건 잊히는 사람의 일

사계절이 없는 그림에 그림자를 놓았다

오늘도 집 앞에는 이미 마른 낙엽에 물을 주는 사람이 있다

잃기 쉬운 시간들이 우리에게 많았다

외출

며칠 볕을 받지 못한 화분이 시들해졌다

사랑할수록 해줄 수 없는 일들이 많아지듯이
볕을 모아두지 못한 지난밤들이 미안했다

마음을 다하지 않아서가 아닌 이유들이 있었다
주고받는 일이 사람의 계절이라고 믿었다

나를 건네면 시간이 가고 기억이 오는 그런 것
마음을 우려내기 위한 너의 박자 같은 그런 것

그런 자연스러움이 넉넉한 마음을 만들지 못했고
사람의 계절에서 혼자 기다린 날들이 있었다

그것이 외롭지 않은 묵묵한 어른이라고 믿었다

볕이 좋은 어느 날에도 구름은 혼자였듯이 여느 날에도

돌아보지 않는 시간을 나누어주고 싶은 계절에
사랑하는 이들이 모여 짧은 마음을 나누어주었다

다정한 마음들 사이에 고단한 마음 하나가 있었다

마음을 주다가 마음의 자리에 대해 생각했다

깊이에게

함께 걸으면 같은 곳에 도착한다고 했었지

눈을 바라보다 보면 걷는 속도는 같아진다는 귓속말처럼

기대어 스며들다가 덧대고 깊어지는 것이 시간의 흐름이라는데

시간에 서 있는 두 사람은 언제나 흐름을 거스르고

달리다 보면 도착하는 언덕이 있었지 두 사람의 호흡이

시간의 흐름을 어겨가는 인연의, 속도에 대한 이야기

담담히 말하는 한 사람과 끝까지 마음에 흐름을 지키는 한 사람이

같은 꽃을 심어도 해바라기가 되는 것과 들꽃이 된다는 것은 서로의 일이지

노력함으로 되지 않는 것들이 많아진다고 했다

몽당연필로 쓴 편지가 쌓여갔다

오늘이 내일보다 깊어진다는 나무의 암호를 들으며 언덕을 내려왔다

아직도 익숙하지 못한 흐름들이 애쓰는 일을 만들지

함께 걸어가는 사람에게 한때 꽃을 심었던 날들에게

벙긋한 밤

그리하여 그런 것들에 대해 이야기했다
다음, 누구에게나 이야기의 차례가 있었는데

가끔, 더운 입김을 품으며 노래만 부르던 사람이 있었다

이야기를 해보세요, 그리하여 그런 것들의 무엇을

사랑하던 사람이 있었고
그리하여 사랑이 이어졌다고 했다

한 번의 벙긋, 에도 이야기가 되었다는데
그리하여 그런 것들에 대해 어떤 날들이 가여운 걸까

우리는
다음 차례의 이야기들이 있다

그리하지 못한 다른 눈빛들이 이야기보다 깊어지는데

무엇을 듣고 싶어서 무엇을 기억하고 있을까

익어가는 목소리에 시간까지 덧입힐 수는 없지

말없이 소매를 만져도 겨울 노래가 끝나지 않았다
다음 차례 이야기를 할 사람이 아무도 없었다

완전해지는 밤

가장 가까워진 날들에게 아무렇지 않은 마음들이 느껴질 때
남겨진 이야기에는 잊히는 속도가 없어, 그래서 기억이 될 수 없고

너와 나의 식어가는 노래를 들어본 적이 있어 가장 뜨겁도록 차가워지던 밤
더 이상 우러나지 않는 유자차를 몇 번이고 달이던 밤이 있었지

한밤을 건너면 더 완전해지는 밤으로 간다는 기차를 타자 오래도록

나무의 키가 점점 작아지는 숲을 지나면 가장 설레던 우리에게 도착하는
사랑에 가장 가까웠던 곳으로 데려다 줘

마음이 아닌 것 같은 이야기가 있지 마음을 다해 정직했던 날들도 있고

가장 어색하던 마음이 사랑이던 때도 있고

가장 가깝지 않은 거리에서 불러주고 싶은 노래가 있었고 그게 사랑이라 믿었지

모든 잎과 계절과 마음을 가장 처음으로 돌려주자
다시 사랑한다면

구름과 그네

언제라던 날들이 없었지 이미 낡아간 내일들

깊은 다정함으로 열리지 않는 문을 두드렸다

엄마가 그랬지, 따뜻했던 물을 기억하라면서
둥지가 되어주는 날씨들이 있다고 했지

그것이 계절보다 더 앞선 소식이라도 무섭지 않아

애써보면 다정한 것들이 많은데 서로가 서로를 안지 못해

엄마, 깊은 다정함이 깊은 믿음을 만들 수 있을까

어른은 지나지 않는 계절들이 많아지는 것이라는데
풍선이 날아가는 곳으로 마음을 모두 주던 때가 있었지

기온을 기억하는 사람이 바람이 불어오는 곳을 안다고 했다

봄에도 세 번 꽃들이 피고 지는 날들이다

길에 선 어제들이 인사를 한다

한 번은 지나지 않는 계절이 있다는데

일종의 마음

바다가 보이는 방에 앉아 창문을 만들어 바라보고 싶은 날들이 있었다

자라나는 마음에는 그림자가 없어서 거두지 못하는 날들이 많아질 때쯤

아무도 아무것도 누구도 누구에게도 건넬 수 없는 그만큼의 내가 있었고

나만이 견디고 이겨내는 정도의 일종의 마음 같은 것

너와 내가 있던 방에 해가 뜨고 지는 것이 잠잠한 하루의 일이었는데

바다는 끝이 없어서 보고 싶은 만큼의 바다를 만들 수 있지

하늘에게 견딜 만큼의 볕을 만든다는 구름의 다짐처럼

어쩔 수 없이 지나가는 시간들이 생겼다

작은 나의 작은 세상에 곁을 두는 것들에게
감당할 만큼의 마음에 두고 가는 슬픔 외로움 같은 흔적이라고

머무르는 방에 노래를 불러준 노란 달이 있었다

고맙다고 말해도 되는 것들이 많아졌다

보색에게

서로에게 가장 번지는 때가 있지
섞이기만 하면 곁이 되는

둘만 있던 배경에 에피소드의 날씨가 생기고
잊히지 않는 가사들이 입속에 머물다 가는 계절이지

백지 같았던 그림에 붓을 들어보면
숨소리에도 획을 긋는 힘이 있다, 마음에는

두 개의 구름이 온 하늘을 뒤덮을 때가 있지

가장 같은 둘이 온 세상을 물들일 힘을 가진다고
구름의 방식으로 사랑하다가 구름의 방식이 이별이라고

두 개의 구름이 가장 흩어지기 좋은 숫자라는 것
한때라는 끝을 기약하는 단어로 사랑을 할 수 있을까

마음의 세계에는 바래진 그림에서 획이 하나씩 빠지다가

처음처럼 둘만 남는다는 백지의 논리가 있지

붓의 색을 고를 필요가 없는 흑백의 날씨들만이 있지

돌아가자, 돌아가는 만큼 잊을 수 있다고 했지
가장 곁이었던 색들이 보색이 될 때

걷어낸다는, 잊는 이들의 가장 깔끔한 속도로 걸어서
굳은 마음들이 다시 처음 자리로 갔다

번질 수 없도록 완벽히 굳어진 물감을 다시 넣었다

Dear

구름에 지난 밤이 나무에 여름이 있다 하지

새에게도 연애 시절이 있었다 하지

흩어지는 모든 것에는 지나간 의미들이 있지

서로의 의미가 되고 싶던 때가 있지

어떤 날로 기억되고 싶은 보통 날들이 가득한데 우리에게

서로에게 가장 다정하고 싶은 속삭임들

모양이 있는 모든 것에는 그림자가 있어서 낮과 밤이 탄생하고

의미가 되지 못해 태어난 그림자가 겹겹의 시간에 의미가 되어갈까

누구에게 다녀가는 보통의 존재들이 우리 곁에 있지

그림자에 빛이 다녀갔다 하지 노을에 청춘이 있었다 하지

흩어지는 모든 것에는 지나간 시간이 남아서 가장 흩어질 수 없고

언제의 시간

언제의 이야기를 하던 사람이 있었다

눈꺼풀에 구름이 보였는데,

빗속에서 가장 힘껏 무언가에게 햇볕이 되어주던 때였지

그건 참 언제의 이야기지, 아주 언제의 시간 같은 것

기억이 많은 것과 기억나는 것이 많은 것은 달랐다

오래의 시간이 오래되면 언제가 된다고 했다

시간이 필요 없는 감촉 같은 것들을 사랑하는 사람아

주인공 없는 이야기들이 가득해

언제의 이야기 속 주인공들은 얼굴이 없어도 울고 웃을 수 있다지

제4부

가장 작은 위로

걷다 보면 만들어지는 길이 있었다 새겨진다는 것
누구에게 정직하고 싶었던 날에 매일 길을 걸었다
작은 사소함으로 지키고 싶던 날들 마음의 묵묵함으로
애쓰는 만큼 다정해지고 쓸쓸해지는 만큼 깊어진다고
때로는 내가 위로할 수 없는 나의 시간 속에 있다
익숙함이 만들어낸 시간들이 녹아내리는 계절에는
매일 걸어도 한 걸음도 가지 못한 낯선 내가 있었다
가장 뜨거웠던 시간에서 담담한 혼자가 될 수 있다고 했다
아주 작은 의자에 앉은 내게 가장 작은 위로를 건네고
무엇이 되고 싶던 시간들은 오후 어디쯤에 걸어두고 걸었다
노래를 불렀다 시간을 엮어서 라임나무에 걸었다
바람도 그리운 쪽으로 분다는 오후의 습관처럼
어린 아이도 사랑을 하면 주름이 생기는 동화를 믿었다
마음을 모음이라고 잘못 쓴 밤이 있었다

배웅

모든 것이 사라지는 날씨를 사는 것 같다

영원을 약속해주지 않는

너는 봄빛을 두고 갔다

지나간 마음이 햇빛에도 바래진다고 했다

마음이 베인 것들은 왜 영원할 수 없을까

더 따뜻해지는데

우리에게 다정해지는 마음들이 정원이 되었는데

마음을 베였다

영원히 우리는 다정할 수 없었을까

시간을 접어보는 습관이 생겼다

눈으로도 배웅할 수 있는 게 어른이라고 했다

어쿠스틱 방

누구나 들어갈 수 있는 방이 있지
가장 큰 방이 있지

얼마나 커질 수 있는지 알 수 없어서 더 사랑해보고 싶기도 했지

바람 부는 언덕에서도 방에 볕을 가득 넣어 화분을 키우듯
모든 계절에도 볕을 줄 수 있는 아무것이 아닌 방이 있지
지팡이를 든 노인이 문을 두드리는 사랑의 신호 같은
누구나 존재가 되는 방이 있지
누구나의 방이 있지

가진 것 없는 누구도 온갖 언어로 노래할 수 있는 의자가 있지

바라본다는 것이 오후를 닮은 일이라는 것을
습도 높은 방에서도 온갖 사계절이 피어날 수 있다는 것을

누구나 지나가는 방이 있지 스칠 뻔한 그들의 귓속말이
기나긴 동화가 되어 그럴듯한 이야기와 그럴 뻔한 마음들
로 돌아가는

돌아간다는 것이 일출 일몰 같은 떨림의 끝이라도
한때라는 날에 또다시 누구나의 방으로 들어갈 것임을 알지

내가 누구의 방이 되든 누구의 방으로 가든 찰나라는 시가 된
다는

누구나에게 방이 있지 아무나의 방이 되는 누구나의 방들이

넉넉한 일

그에게 느지막한 오후는 없었다

이불을 정리하고 물을 주는 일뿐 낮을 지새워본 적이 있다고 했다

흐르는 공기에 담긴 마음을 알아버릴 때가 있듯이

흘러가는 것이 밤의 일만이 아니기에

어쩌면 가장 큰 고요함은 새벽을 기다리는 낮

가장 달콤한 꿈을 위한 아침 인사 같은 것

건널 수 없는 날을 건넬 수 있는 잎이라면 한여름의 꽃을 기대할 수 있을 거야

이미 대답이 없었을 어떤 고백을 위해

돌아오는 것들은 다들 그렇게, 넉넉히

다음 차례가 없는 노래를 부르고

돌아가는 빛을 환한 포옹으로 감싸고 싶었다

홍차

겨울을 좋아하지 않는 너에게 겨울을 보냈다

너를 위해 모아둔 겨울의 말들을 입에 머금어본다

흰 눈이 쌓이고 네가 좋아하는 계절을 닮은 말이 될 때까지

머금은 문장들이 바래지 않도록 더 겨울을 사랑해 보았다

꺼내주고 싶은 시간만큼 보여주고 싶은 시간들이 많아지는 것

우리가 겨울을 더 겨울답게 보낼 수 있는 바람일지도 몰라

너에게 보낼 수 없는 말들을 겨울의 햇살에 말려두었다

차가운 별도 충분히 따뜻하다는 혼잣말이 안부를 닮을 수 있을까

겨울을 좋아하지 않는 너에게 가장 다정한 겨울을 주고 싶었어

공허한 긴 밤을 선물하고 싶은 마음처럼

때로는 가장 먼저 들려주고 싶은 말할 수 없는 것들이 있어

함께할 수 없는 계절이 없어지는 날들 속으로 들어가는 꿈을 꿨다

낭독회

볕이 벽에 고스란히 닿는 오후를 지난다

무언가를 힘껏 안아주었던 적이 있었지

다시 밤이 되면 아무 몸도 없는 글자들이 남았던 밤

사랑하는 만큼 문자의 모양이 단단해진다는데

아무리 쌓아 올려도 단단해지지 않던 막들과

마치 형체 없는 빛들이 환해지는 것처럼

시간에 뿌리를 내리면 마음이 길을 터 꽃의 모양이 되는데

왜 구름보다 구름 같은 마음을 통과해야만 할까

껴안는 일이 글자가 된다면 우린 곁의 간격을 볼 수 있을까

해석될 수 없는 것을 마치 가장 둥그런 상자에 담고 싶어져

꽃의 계절이 서로의 상자에 담긴다면

밤을 지새는 말할 수 없는 포옹들이 모든 모양을 가질 텐데

꽃이 흐드러지게 피는 어느 날엔 말이야

읽고 싶은 밤들을 지나고 싶어

시간의 겹

어둑한 마음에 길을 내보면 가로등이 보이고 그곳에 걸어 둔 시간들이 있다
넉넉히 기다린 어둠들은 새기지 않은 흔적들에 빛이 된다고 했다
걸어둔 희망들이 사라져가는 모습은 한여름 노을 같은 것 그래서 순간의 것
슬픔이란 사라지기 전에 쌓이는 마음 같아서 순간을 남길 수 없는 영원함
걸어둔 것들 사이에 우리가 있었으면 좋겠다

흩날리는 약속에도 기다림이 있어서 보통 날도 희미해지지 않을 수 있었지
영원히 선명해지지 않는 것들에게 인사를 했다 오래도록 사랑하도록
익숙해진다는 것, 아무 말도 아무것도 밀어내지 않는 시간의 겹겹 속에서
어둠에게 다정해지기로 한다 보통의 시간 속으로 널어 둔 영원의 감정에게

밤의 가로등은 어쩌면 가장 빛나는 색을 가질 수 있는데 그것은 어둠의 믿음
 그것이 어둠의 일이라는 혼잣말에 다음 계절의 어둠을 미리 걸어두는 밤이다
 잊혀가는 어느 것에게 사라지지 않는 많은 것에게 따뜻해지기로 한다

 이제 우리는 사랑할 수 있어 어느 어둑함을 어떤 슬픔을
 모든 어둠을 끌어 모아 다시 널어둔다 넉넉해지고 싶은 보통 날에

다정한 여름

복숭아 껍질을 벗기는
아직 이른 노래의, 첫 소절이 있지

방울토마토를 한 움큼 쥐고 웃는
믿어지지 않는 여름의 다정함이 있지

나만 몰랐던 언약이 있고
우리가 모를 수도 있는 약속들이 있지

단조로운 여름에는 빈손에 묻은 나른함이 있지
껍질의 속사정이 들린다던 말
언제 사라질지 모르는, 웃음 같은 다정함이지

적막보다 다정한 노래를 부를 수 있을까

여름이 여름으로 지나는 시간에
그럴듯한 속사정들이 서로를 붙잡는 밤이 있지

해설

그러니 사랑하라, 보통의 날들을!
한 번도 사랑하지 않은 것처럼

장예원(문학평론가)

1. 슬픔이 덧댈수록 슬퍼지지 않는다는 말

'사랑과 이별'이라는 화두만큼 귀에 익숙한 멜로디가 있을까. 이에 대한 언어는 과도한 사용으로 닳고 닳아 훼손되었다. 그럼에도 우리는 운전하면서 무심코 듣는 라디오에서 흘러나오는 사랑의 노래들에 귀를 기울인다. 때로 각자의 사랑은 그 음률과 가사로부터 아주 수월하게 힘을 얻곤 한다. 이제야의 시는 언어를 다루는 시인이 처한 이 오랜 딜레마에서 시작된다. 언어와 그것이 지시하는 실체와의 간극은 "어쩌면 아주 흔한 이야기"이자 「보편적인 슬픔」이었다. 그러나 언어라는 형식 없이는 실체를 표현할 길이 없으니 이 둘은 서로의 굴레를 벗어날 수 없는 관계이다. 이러한 역설은 우리 인간사의 대부분이 "어쩌면 나에게만 슬픔일 수 있는 이야기"이면서 동시에 "너무나 보편적인 매일의 이야기"이기에 마주치는 상황일 수도 있다. 사랑의 언어로는 사랑을 정확히 말할 수 없고 이별의 언어로는 이별을 정확히 말할 수 없지만 언어를 포기할 수는 없다는 것. 벤야민은 정신적 본질이란 언어를 통해서는 전달될 방도가 없음을 다만 언어 속에서 보여줄 수밖에 없음을 언급[1]하며 이 역설이 처한 곤란함을 정리했다. 다시 말해 누군가의 정신과 사유는 언어를 통해 전달되기보다는 언어 속에서 드러난다는 것이다.

그렇다면 이제야 시인은 어떤 방식으로 본인의 사유를 언어 속에서 보여주고 있을까? 그녀는 정확한 말을 찾지 못한다는 것은 역설적으로 정확한 말을 의도하고 있다는 증거가 된다는 명제를 실현하려 애쓰는 듯 보인다. 시집 『일종의 마음』은 "우리"나 "어느 우리"와 같은 명확하지 않은 주체들이 등장하고 시간과 공간 역시 "언제의 이야기"나 "누구나 지나가는 방"처럼 모호한 양상이 드러난다. 더욱이 시집 전반에 걸쳐 "어떤 날도 보통보다 평범하지 않았다"(「녘의 시간」), "하늘은 하늘의 색이 아니라는데"(「무늬의 색」), "기다리지 않음으로 가

---

[1] 발터 벤야민, 최성만 역, 「언어 일반과 인간의 언어에 대하여」, 『언어일반과 인간의 언어에 대하여 번역자의 과제 외』, 도서출판 길, 2016.

까워지는 것들이 있었다"(「우리의 바다」), "혼자이길 바라는 마음이 혼자가 되지 못할 때"(「빈 소녀에게」), "지나지 못해 내리는 사람이 있을 때"(「커튼의 속도」), "사랑하지 않기 위해 사랑하는 방법도 있다"(「블랙홀」)와 같은 부정표현들이 자주 등장한다. 이러한 부정표현들은 시적 서술의 의미를 부정하는 대신 오히려 무수한 의미를 열어놓는다. 또한 그녀가 선택한 시어들은 "기억보다는 새긴다는 마음"(「빛의 날씨」)에 가깝고 "알고 있는 계절과 알게 될 날씨의 끝"(「그만큼의 이야기」)이 언제나 다르기에 미세한 '순간'에 집중해서 그 감각들을 포착하고 있다. 감각 자체가 과거 경험과의 연상을 일으키기 전에 의식에 나타난 효과이므로 기억과 습득된 연상에 의존하는 것보다 시적 새로움을 만들어내는 데 적합한 방식이다. 한편으로, 우리에게 아직 분석되고 해결되지 않은 혼돈의 양상은 거의 감각적으로만 알고 있다고 할 수 있다. 시집 『일종의 마음』 안에서 그러한 모호하고 규정할 수 없는 상태에 대한 감각적인 표현은 시적 기법이기도 하지만 그것 자체가 가장 실체와 가까운 '정확한 말을 의도'하고자 하는 시인의 정직한 태도이기도 하다.

이러한 시적 태도는 그녀가 대상이나 세계를 형상화할 때도 일관된 양상을 보인다. 블랑쇼는 타자와의 관계를 위해서는 상대방을 주체의 말이나 글의 주제로 삼아서는 안 된다고 말한다. 우리가 할 수 있는 일은 다만 그가 하는 이야기를 경

청하고 상대방을 이해하려는 노력뿐이다. 나의 언어로 상대를 규정하려 들면 낯설고도 매력적인 타자는 소멸하고 사라진다. 이제야는 사랑과 이별의 시간이 지난 후 야기되는 감정과 감각들을 시적으로 형상화하면서도 대상의 존재를 그녀의 언어로 해석하고 포섭하는 작업을 한없이 미루어 지연한다. 그녀는 단지 "더는 자라나지 않는 감정을 지켜주고 키워주고 보듬는 오늘은 무얼까"(「나의 정원」)라는 현재의 질문을 제기하고 "자라나는 만큼 자라지 않은 것들에게" 오늘도 물을 주는 행위를 반복할 뿐이다. 그리고는 "우주가 내일의 날씨를 모르던 날에 꽃이 피었고", "넓은 종이에도 마음을 쓸 수 없던 날이 있었다"(「첫 줄」)고 고백한다. '알지 못하고 쓸 수 없던 날'을 드러내면서 자아에 의해 포섭된 대상에 대한 쓰기를 멈추는 것이다. 다시 말해 '없음'으로 '있음'을 증명하는 시 쓰기 방식이라 할 수 있는데 그 순간 생성된 '부재의 공간'과 '여백'이 그녀만의 시적 새로움이라고 할 수 있다. 이러한 이제야만의 방식은 "말린 꽃"을 "어제보다 오늘 더 꽃이 아닌 꽃"(「나의 정원」)으로 만들고 "덧대어본 울음이 울지 않는 법"을 알게 되어 "우리는 어떤 슬픔으로 웃으며 만날 수"(「보편적인 슬픔」) 있게 된다. 그것은 "서러움을 덮어주던 고운 것들에서 달아나" 원래의 "텅 빈 햇빛"(「빈 소녀에게」)과 대면하는 과감함이자 언어의 닳고 닳음 사이에 존재하는 틈을 용케도 찾아내어 새로운 어휘를 창출해내는 상상력이기도 하다.

2. 누구나 한 번은 지나지 않는 것들에 대한 위로를 할 수 있다.

 우리는 성숙이란 개념이 과거를 없던 일처럼 처분하는 것이 아니라 과거로부터 온 현재까지의 타인을 있는 그대로 포옹하는 넉넉함이라고 생각한다. 그러나 한 소설가에 의하면 성숙은 어떤 면에서는 공정한 태도를 견지하는 일이기도 하다. 사람들이 어느 시기에 만나든 서로에게 적합한 방식으로 대할 줄 아는 능력이라고 표현할 수도 있겠다. 이것은 근본적으로 자신의 문제를 남에게 전가하지 않는 공정함을 가져야만 가능하다. 내 안에서 끝내야 할 감정과 상대에게 즉시 표현해야 할 감정을 구분하는 능력인 것이다. 그러나 우리는 성숙하게 굴지 못하는 경우가 많다. 그래서 많은 인연을 그냥 지나쳐 버리지만 성숙하지 못했다고 너무 자책할 필요는 없다. 우리 대다수는 "지나치지 않는 위로와 멈추지 않는 안부 사이쯤"(「아주 조용한 이야기」)에 있는 보통의 사람들이기 때문이다.

> 지나간다는 말이 지날 때/지나지 않는 것들의 이야기가 있다//그 말들 사이로 이야기들이 필 때,//지나가는 것들에게 어떤 제목을 주어야 할까//지나는 것을 봤다는 사람

의 기차가/지나지 않는 것이 있다는 사람을 태우고 간다//지나지 못해 내리는 사람이 있을 때/기차는 다시 지나갔다//지나갈 사람들이 다음 역에서 탈 때/지나가기 위해 오는 것에게 어떤 제목을 주어야 할까//우리를 우리로써 이해하기에는/지나가는 것들이 너무나 많아//지나는 것을 봤다던 손가락 사이는/어쩌면 뜨거운 심장을 갖다 댄 자리//지나간다는 말이 지나는 길//지나지 않을 것들에 대한 위로가 있다

—「커튼의 속도」 전문

「커튼의 속도」에서 중요한 지점은 이 시를 전개하는 주체의 태도이다. 이 시에서 시적 주체는 자신의 특성과 시각을 내세우지 않고 스스로에 대한 과거와 미래의 인과관계도 모두 지운다. 이 시에서 "말"과 "이야기", "기차", "사람"은 모두 서술자로서 상호 동등한 위치에 있다. "지나간다는 말"과 "지나지 않는 것들의 이야기", 그리고 "지나는 것을 봤다는 사람의 기차가 지나지 않는 것이 있다는 사람을 태우고 간다"와 "지나지 못해 내리는 사람이 있을 때 기차는 다시 지나갔다"라는 서술은 주체의 언어 이면에 규정되지 않은 존재들이 있다는 사실을 끊임없이 드러내려는 시도이다. 여기에는 어느 한 존재가 일방적으로 대상화되는 시선이 없다. 서로가 서로를 상호교차하는 시선과 행위들이 있는데, 이는 일방적으로 타자에 의

해 세계에 불려와 있음에도 없는 존재로 남겨지는 상황을 최대한 피하려는 시도이다.

또한 본질과 현상, 그리고 인간과 사물, 정신과 물질(도구)은 다르지 않을 수 있다. 적어도 이 시에서 그것은 동등하다. 주체가 현재 "지나가는 것"들인지, "지나지 못해 내리지 못하는 사람"인지 "지나갈 사람"인지 혹은 "지나가는 기차"인지 알 수 없지만 언제의 시간에는 뜨거운 심장을 갖다 댈 만큼 열정적인 시간을 지나오거나 지나는 중이거나 지날 예정일 수 있다는 것. 즉 보는 것과 보이지 않는 것은 차이가 없을 수 있다. "우리를 우리로써 이해하기에는" "지나가는 것들이" 너무나 많기 때문이다. 그러니 우리는 최대한 겸손하고 섬세하게 모든 대상을 대해야 한다. 궁극적으로 그 겸손이 보일 수 있는 미덕은 "지나간다는 말이 지나는 길" 위에 "지나지 않을 것들에 대한 위로가 있다"라는 성숙을 획득하는 것이다. 그러므로 "어른은 지나지 않는 계절들이 많아지는 것"이고 보통의 존재인 우리도 "한 번은 지나지 않는 계절"(「구름과 나그네」)을 만들 수 있지 않을까?

어쩌면 그 위로는 "박자"나 "속도"를 조절하는 행위일 수 있다. 물론 이 조절은 쉽지 않다. 그것은 마음이 지닌 절대 고립의 한 특성 때문이다. 어떠한 생각도 다른 개인의 의식에 들어 있는 생각에게 직접적으로 보일 수 없다. 서로의 마음이 지닌 의식들 사이에서는 환원 불가능한 다원주의가 원칙이며

이 때문에 서로의 우주는 둘로 갈린다. 다음의 시들은 관계에서 발생할 수밖에 없는 마음의 어긋남을 구체적으로 보여주고 있다.

며칠 볕을 받지 못한 화분이 시들해졌다//때로는 사랑할수록 해줄 수 없는 일들이 많아지듯이/볕을 모아두지 못한 지난밤들이 미안했다//마음을 다하지 않아서가 아닌 이유들이 있었다/주고받는 일이 사람의 계절이라고 믿었다//나를 건네면 시간이 가고 기억이 오는 그런 것/마음을 우려내기 위한 너의 박자 같은 그런 것//그런 자연스러움이 넉넉한 마음을 만들지 못했고/사람의 계절에서 혼자 기다린 날들이 있었다//그것이 외롭지 않은 묵묵한 어른이라고 믿었다//볕이 좋은 어느 날에도 구름은 혼자였듯이 여느 날에도/돌아보지 않는 시간을 나누어주고 싶은 계절에/사랑하는 이들이 모여 짧은 마음을 나누어주었다//다정한 마음들 사이에 고단한 마음 하나가 있었다//마음을 주다가 마음의 자리에 대해 생각했다
―「외출」 전문

함께 걸으면 같은 곳에 도착한다고 했었지//눈을 바라보다 보면 걷는 속도는 같아진다는 귓속말처럼//기대어 스며들다가 덧대고 깊어지는 것이 시간의 흐름이라/는

데//시간에 서 있는 두 사람은 언제나 흐름을 거스르고//
달리다 보면 도착하는 언덕이 있었지 두 사람의 호흡이//
시간의 흐름을 어겨가는 인연의, 속도에 대한 이야기//담
담히 말하는 한 사람과 끝까지 흐름을 지키는 한/사람이//
같은 꽃을 심어도 해바라기가 되는 것과 들꽃이 된다는
것/은 서로의 일이지//노력함으로 되지 않는 것들이 많아
진다고 했다//몽당연필로 쓴 편지가 쌓여가네 걸어가며
나무에 걸었다//오늘이 내일보다 깊어진다는 나무의 암호
를 들으며 언덕을/내려왔다//아직도 익숙하지 못한 흐름
들이 애쓰는 일을 만들지//함께 걸어가는 사람에게 한때
꽃을 심었던 날들에게
―「깊이에게」 전문

「외출」이라는 시에서는 마음을 주다가 마음의 자리에 대해 생각하는 주체가 있다. 때로는 "마음을 다하지 않아서가 아닌 이유"들로 "사랑할수록 해줄 수 없는 일들이" 많아진다. "주고받는 일이 사람의 계절"이라고 믿었던 시간들. 그러나 "볕이 좋은 어느 날에도 구름은 혼자였듯이" 주고받는 순간에도 "혼자 기다린 날들이" 있었고 "다정한 마음들 사이에 고단한 마음 하나가" 존재한다. 마음이란 각자만의 고유한 영역이기 때문이다. 앞서 말했듯이 생각들은 언어를 통해서 주고받는 교환이 발생하는 듯 보이지만 그렇게 보일 뿐이다. 우리가 누군

가를 사랑할 때 상대의 복잡함에 아무리 주의를 기울여도 그(그녀)의 민감하고 중요한 부분을 생략하거나 건드리는 오류를 피하기 어렵다. 성숙하지 못해서이든 공감능력이 부족해서이든 의도치 않게 상대를 가볍게 넘기고 지나치는 순간이 발생한다. 그것은 모든 주체는 다른 주체에 대해 곁으로서만 그들의 삶에 참여할 수밖에 없기 때문이다. 우리는 상대의 내적인 이면을 상상할 수 있을 뿐이지 결코 직접적으로 들어갈 수는 없다. 둘 사이가 아무리 가깝다고 해도 각자는 결국 다른 주체일 뿐이며 각자가 발화하는 사랑이라는 어휘조차도 온전히 일치할 수 없는 거리가 존재한다. 그것은 애초에 언어가 실체와 일치할 수 없는 운명적 한계와도 결을 같이한다. 어느 한쪽이 상대방에 대한 관심이 더하거나 덜해서의 문제가 아닌 것이다.

그렇기 때문에 때때로 관계의 깊이는 시간이 지날수록 역행하는 양상을 보이기도 한다. 「깊이에게」는 그것을 구체적인 감각으로 형상화한다. 사랑을 하고 연인이 된다는 것, 누군가와 친밀한 관계가 된다는 것은 "함께 걸으면 같은 곳에 도착한다"는 믿음에서 시작된다. "기대어 스며들다 덧대고 깊어지는 것이 시간의 흐름이라" 생각했는데 어느 순간 각자의 속도가 달라지면서 시간의 흐름을 어겨가게 된다. 어쩌면 내일이 오늘보다 깊어질 것이라는 생각은 환상에 불과할지 모른다. 시적 주체는 "오늘이 내일보다 깊어진다는 나무의 암호를 들으며 언덕을 내려"올 수밖에 없다. 사랑했던 순간이 지난 후에는 "아끼는 날들에 내일이 없는데 묵묵한 날들이 줄을 지어서 있고 말린 꽃은 어제보다 오늘 더 꽃이 아닌 꽃이 되어"(「나의 정원」)가는, 관계가 지닌 깊이의 아이러니를 견뎌야 한다.

3. 사랑한 모든 것들이 가진 그림자의 이름으로 녘이 되다.

어떤 사람을 사랑한다는 것은 무엇일까? 그 상대에게 깊은 관심을 가진다는 것이며 그 관심 덕분에 상대방은 자신의 행위와 발화에 자신감을 가지게 된다. 이 자신감으로 자신도 몰랐던 스스로에 대해 자각할 수 있기에 더 풍부하고 다양한 자아를 찾는 계기를 만들기도 한다. 그러나 한편으로 사랑은 사랑하는 상대방의 본질적인 평범함을 간과함으로써 보통을 넘어서는 몰입상태에 빠져든다. 그래서 아직, 혹은 이미 보통의 자리에 선 사람들에게는 사랑에 빠진 사람들이 지겹다. 그럼에도 아직, 혹은 이미 보통의 자리에 선 그들은 각자의 입장에서 물을 것이다. 저들은 보통의 한 인간 외에 무엇이 보이기에 저럴까? 분명 사랑은 특별한 경험이다. 누가 나를 바라본다는 행위는 내가 존재함을 인정받는 것이기 때문이다. 낭만주의자들은 어쩌면 나를 특별하게 보아주는 사람이 나타날 때까지 나의 말과 일상은 의미 없는 내뱉음과 환경에 대한 단순한 반응에 불과했다고 너스레를 떨 수도 있다. 내가 누구인지 궁금해하지 않는 수많은 당연한 관계 속에서 나의 정체성을 확고하게 새겨두려는 타자를 곁에 두는 듯 보이는 날들은 「무늬의 색」과 「빈 소녀에게」에서 알 수 있듯 "며칠간 신비로울 만큼 많은 햇빛이 쏟아"지는 꿈같은 경험이자 현실에서 "서러움을 덮어주는 고운" 방패막이 된다.

> 물로 그림을 그리는 날이 있다//하늘색은 하늘의 색이 아니라는데//사랑을 했었지, 마음이 했었던 날들이었지//며칠간 신비로울 만큼 많은 햇빛이 쏟아졌다//우리의 색은 나와 맞지 않아, 네가 그랬다//햇빛에 바랜 나는 흑백으로 변해가고//복잡한 퍼즐 조각을 맞춰가던 아이처럼 나는 헤맸다/물로 그림을 그리는데 더 선명해지는 것들 사이에서//가장 희미해지고 싶던 날이 있다
> ―「무늬의 색」 전문

> 달에 부는 바람이 유난히 서걱이는 날이었다//달콤한 말들에게서 떠나왔다/머리에 퍼져 있는 그림자들을 밟았다//서러움을 덮어주던 고운 것들에게서 달아나/텅 빈 햇빛에 대해 생각한다/당연하다 생각했던 것들에 대해//고단한 우리들이 가여운 서로를 거슬러 올라갈 때/혼자이길

바라는 마음이 혼자가 되지 못할 때//가여워라, 가든한 모두를 위한 축제를 열자/더 가볍게 끌어안은 혼자가 되어 만나자//빈 길을 걸어가는 소녀를 본 날이었다/쏟아지는 햇빛에 돌을별을 한 움큼 쥐어 던져줄게//외롭지 않기를 모든 당연한 것들이//사랑하여라, 바야흐로 너를

—「빈 소녀에게」전문

  이렇듯 "매일 꿈을 꾸듯 가장 완벽한 순간이 되고 싶던"(「고요한 외로움」) 인간의 영원에 대한 욕망을 잠시나마 채워주는 게 사랑의 역할일지도 모른다. 그러나 위의 두 시를 비롯해서 시집 『일종의 마음』의 주체들은 대체로 사랑이 끝난 후 즉, 이별 후의 시간 속에 살고 있다. 그 이후를 점령하는 우선의 감정은 당연하게도 상실감이다. 한 관계의 변절은 충만함의 세계를 공허로 대체해버리기에 사랑을 온전하고 충만하게 경험한 사람들일수록 이별 후에 겪는 몰아치는 상실감도 감당할 양이 많다. 상실에는 그 어휘가 지시하는 그 이상의 것이 있다. 나의 인격이 왜소해지는 느낌과 자신의 일부가 '없음'으로 돌아가 버린 듯한 느낌. 「무늬의 색」에서 "가장 희미해지고 싶던 날이 있다"라는 표현은 상실감이 점령한 심리적 위축감을 잘 보여준다. 사랑에 머물다가 지나온 사람들은 사랑이 "다른 창에서 같은 목도리를 두르는 것"이기도 하지만 "같은 창으로 다른 오후를 만나는 것"(「하품까지만 사랑해」)이라는 사

랑의 양면성을 깨닫게 된다. 「무늬의 색」의 주체는 "신비로울 만큼 많은 햇빛이 쏟아"지는 잠깐의 시간이 지난 후 너로부터 "우리의 색은 나와 맞지 않아"라는 이별의 말을 통고받는다. 이제야 시인은 많은 이들이 경험하는 이러한 이별의 장면을 마주하고 "햇빛에 바래 흑백으로 변해가"는 무채색의 감각과 "복잡한 퍼즐 조각을 맞춰가던 아이처럼 헤매는" 구체적 행위로 그 심리적 공백을 살려낸다.

그러나 사랑이 하는 역할만큼 이 심리적 공백이 하는 역할도 있으니 세상의 이치는 공평하다. 앞서 말했듯 성숙이란 공정한 태도를 견지하는 일이다. 우리가 한 대상에 몰입하고 주의를 갖는 행위는 그들만의 견고한 세계를 만들어 잠깐의 영원을 누리는 일이지만 한편으로는 그 세계에서 배제된 "모든 당연한 것들"을 외롭게 만드는 것이기도 하다. 「빈 소녀에게」는 상대방과의 추억을 하나씩 사막에 묻으며 가벼워지는 낙타처럼 "더 가볍게 끌어안을 혼자가 되어 만나"는 새로운 나의 정체성을 "사랑하여라"라고 충고한다. 그리고 이러한 시적 태도는 나의 무심함에도 "당연한 것들"과 "보통보다 평범하지 않은" "어떤 날"(「넋의 시간」)들이 늘 곁에 존재하고 있었다는 자각에 이르게 된다. 나의 관심과 주의와는 상관없이 바람에 날리는 흙먼지조차도 개별적으로 이름 불릴 자격이 있는 존재들이라는 공정함을 견지하게 된 것이다. 우리는 각자가 사랑하지 못하거나 사랑하는 중이거나 사랑한 후를 살아가는 사람들이다. 그러면서 서로를 스쳐 지나가거나 지나치지 않거나 지나칠 혹은 지나치지 않을 예정이다. 다음의 시 「Dear」는 이렇듯 각자의 상황에 처한 보통의 우리들이 "흩어지는 모든 것"에 아파하고 "서로에게 의미가 되고 싶었"지만 되지 못했다고 하더라도 괜찮다고 위로한다. "흩어지는 모든 것에는 지나간 시간이 남아서 가장 흩어질 수 없"다고 다독이면서 말이다.

> 의미가 되지 못해 태어난 그림자가 겹겹의 시간에 의미가/되어갈까//누구에게 다녀가는 보통의 존재들이 우리 곁에 있지//그림자에 빛이 다녀갔다 하지 노을에 청춘이 있었다 하지//흩어지는 모든 것에는 지나간 시간이 남아서 가장 흩어질 수 없고
> ―「Dear」부분

한편, 성숙의 공정함을 획득한 이들은 당연한 것들이 당연하지 않다는 사실을 알기에 매 순간에 관심을 가질 수밖에 없다. 그들은 환절기처럼 경계 지을 수 없는 무수히 많은 미세한 경험들로 보통의 인연을 맺으면서 매일의 일상을 살아간다. 그러기에 민감한 감수성을 가질 수밖에 없고 이 감수성은 항상 바뀐다. 같은 대상이라 할지라도 시간이 흐르면 나에게 똑같은 감각을 두 번 느끼게 할 수는 없다. 시절에 따라 그 대

상에 대한 감정이 얼마나 달라지는지를 인지한다면 민감도의 차이가 확연히 드러날 것이다. 「환절기의 밤」은 그 민감도에 관한 시라고 할 수 있다.

> 매일 환절기를 사는 것 같다//보내는 것은 묻은 바람을 털어내는 일인데//한여름 밤의 가로등 아래 있던 사람에게/늦여름으로 가는 길을 물은 적이 있다//여름인데, 여름으로 가는 길이 궁금했던 밤//우리에게로 걸어가고 있는데도 그리웠던 것처럼//서리고 바랜 시간들에는 결이 만들어져서/간단한 경계로 구분할 수 없는 힘이 생긴다//얇은 옷들 사이에도 계절이 바뀔 수 있었고//가장 긴 밤을 사는 이유에 대해 아침은 묻지 않았다//여름 기차를 탄 사람과 약속을 잡았을 때/다음 창문에서 옷을 갈아입었다//여름의 결들이 모이는 방식처럼//얇은 날들이 빼곡히 옷장에 있다/초여름을 사는 나뭇잎에는 여름이라는 이름만 남듯이
>
> ─「환절기의 밤」 전문

우리가 "여름"이라고 부르는 어휘는 일종의 상징적인 언어이다. 실제의 여름이 되기까지는 수많은 기미들과 결들이 있는데 여름이라는 어휘가 그 개별적인 결들을 모은다고 해서 완성되는 것이 아니기 때문이다. 그것은 "하늘색은 하늘의 색

이 아니라는"(「무늬의 색」) 사실과도 맥락을 같이한다. 이러한 민감성을 발휘하면 우리는 당연한 존재들에 대해서도 호기심이 생기고 새로움을 발견할 수 있다. 「환절기의 밤」에서 시적 주체는 "우리에게로 걸어가고 있는데도" 서로가 "그리웠던 것처럼", "여름인데, 여름으로 가는 길"을 궁금해한다. 계절은 한순간에 경계 지어 바뀌는 것이 아니다. 마찬가지로 나의 감정과 의식의 흐름도 어느 순간 갑자기 도약하여 변화하거나 사라지지 않는다. 그것은 얇은 옷들 사이에서도 계절이 바뀌듯 매 순간 미세하게 변화하고 있다. 이는 곁에 있는 보통의 존재들에게 지속적인 관심을 가져야만 알 수 있는 어떤 흐름과 변화인 것이다. "여름의 결들이 모이는 방식처럼" 연속적으로 흘러가는 의식의 흐름의 각 부분은 그 전에 지나간 모든 의식을 마음에 새겨 알고 있다. 이 흐름의 어느 부분은 계절의 이름(봄, 여름, 가을, 겨울)처럼 과거 전체 흐름의 대표로 우뚝 서 있다. 그러면서도 이 흐름의 각 부분은 과거의 전체 흐름과는 결코 동일할 수 없다. 「환절기의 밤」에서 "가장 긴 밤을 사는 이유에 대해 아침은 묻지 않았"지만 "낮에 뜨는 달에게 밤은 낮을 기다리는 소멸 어디쯤"(「고요한 외로움」)이라는 것을 이제야 시인은 알고 있는 듯 보인다. 또한 낮의 하늘은 태양뿐 아니라 달과 구름의 흔적도 함께한다는 것을, 적막을 깨뜨린 천둥소리는 직전에 사라진 고요의 느낌을 포함한다는 이치까지도 말이다.

4. 온도가 살아가는 방법은 무던한 마음뿐, 더 마음다 워지기로 했지.

  이렇듯 "아침에 뜬 달에는 어젯밤 흔적"이 남아 있다고 생각하는 이제야 시인은 그 흔적에 대해 "기억보다는 새긴다는 마음"(「빛의 날씨」)이라고 표현한다. 시집 『일종의 마음』을 전반적으로 살펴보면 그녀는 기억이라는 어휘보다는 "흔적"이나 "새김"이라는 표현을 선호한다. 기억이란 무엇일까? 기억을 떠올리거나 공유할 때는 대체로 훗날에 서술되는 이야기의 형태를 가지게 된다. 이렇게 서술된 기억은 주체가 과거인 시간의 이미지들 속에 서사적 동일성을 부여하는 것을 의미하고 이 서사적 동일성은 결국 주체 의식과의 동일성을 지향할 수밖에 없다. 이는 주체의 인식론적 욕망을 강화함으로써 결국 세계(대상)를 대상화하게 되는데 이러한 과정들 앞에서 그녀는 머뭇거린다. 「당연한 잊음」을 살펴보면 사람들은 흔히 "깨어지지 않기 위해 수놓은 것이 기억이라고" 생각하겠지만 의외로 "당연하지 않은 기억이 당연한 잊음이" 된다. 즉 잊히는 것은 오히려 당연하지 않은 기억이라는 것이다. 하지만 "자국"이나 "손때"는 다르다. 사라지지 않는 자국도 있으며 "다리를 두드려 보면" 조심하고 망설이느라 "건너지 않은 손때"가 가득하다. 또한 이번 시집의 여러 시편들에서 보이는 낮과 밤, 새벽은 그것이 지닌 시간적 의미이기보다는 감각적인 공간성의 의미로서 작용한다. "낮이 수놓아진 밤"은 낮의 흔적을 담고 있는 밤이라는 물질적인 공간으로서 읽힌다. 이는 이 시집의 텍스트 내부에서 시간의 톱니바퀴가 명확하게 맞물리지 않는다는 의미인데, 오히려 그것 때문에 '순간의 형식' 혹은 '영원한 현재'를 지향하는 시적인 본질이 감각적으로 구체화된다.

> 낮을 수놓은 사람이 있었지/구름이 깨지는 일이 어떤 믿음의 자세라면/당연한 잊음이 있을 텐데//깨어지지 않기 위해 수놓은 것이 기억이라고/나무가 빼곡한 하늘을 걷는 기분이야/사라지지 않는 자국이 있는 어느 여름날에//다리를 두드려 보면 건너지 않은 손때가 가득해/당연하지 않은 기억이 당연한 잊음이 되고//낮이 수놓아진 밤들이 다른 잊음을 밀어내는 순간/날아다니던 너와 내가 무늬로 앉는 그 자리에 있었지
> —「당연한 잊음」부분

이러한 감각적인 구체화는 이별 후에 점진적으로 재정비되는 정체성의 변화를 형상화할 때도 드러난다. 「가든한 바다」에서도 역시 "낮과 밤처럼 바다가 시간"인 상태로, 시간은 바다로 공간화된다. "때론 거스르고 싶지 않은 끌림이 있듯이

유일한 너를 위해 굳어지고 싶었던" 사랑의 순간들이 있었지만 "가장 큰 그림자"를 가지게 되는 이별을 맞이한다. 한동안 "너와 나"로만 둘러싸고 쌓아 올려진 정체성은 이제 우리의 흔적이 남은 새로운 각자의 "나"로 돌아가야 한다.

> 두 개의 바다에 해가 뜨고 지는 어느 평범한 여름밤이었지/파도가 없었지 노래가 파도의 일이라는 거짓말을 믿었다//바다에 마음이 생겼고/낮과 밤처럼 바다가 시간인 때를 살았지/우연한 순간이 유일해졌지/때론 거스르고 싶지 않은 끌림이 있듯이//유일한 너를 위해 굳어지고 싶었던 밤/다정하지 못해 떠나는 안부들에게 바다는 가장 큰 그림자를/가진다는데//두 개의 바다가 마음을 갖는 것은 어쩌면 매일 같은 색으로/사는 일//온도만으로 살아가는 것이 파도의 일이라고 했지//매일 바다에 그림을 그린다는 노인의 꿈은 바다에 화분을/심는 것이고//우리는 더 힘껏 바다가 되는 노래를 불렀다//자고 일어나면 어제와 더 똑같아지는 것이 소망이라지//사랑한 모든 것들에게 슬퍼하지 않을 수 있도록 더 가든한/바다가 되어//온도가 살아가는 방법은 무던한 마음뿐/더 마음다워지기로 했지
> ―「가든한 바다」 전문

이별 후의 일상을 새롭게 보기 위해 우리는 익숙해진 감정

의 습관을 바꾸어야 하는데 「가든한 바다」에서는 그것이 어떤 반복적인 행위로 나타난다. "바다에 화분을 심는 것이 꿈인 노인은" "매일 바다에 그림을 그리고" "우리는 더 힘껏 바다가 되는 노래를 불렀다". 실제로 우리의 각오가 새로운 태도를 뇌에 전하는 것은 그것이 형성될 때가 아니고 결심이 운동신경에 효과를 일으킬 때[2]라고 한다. 어떤 행동을 습관으로 만들기 위해서는 사고나 지각만으로 되지 않는다. 행동을 꾸준하게 만드는 것은 그 전에 몸의 움직임이 만들어낸 감각이다. "사랑한 모든 것들에게 슬퍼하지 않을 수 있도록" 하기 위해서는 어떤 낭만적인 도취보다는 지치지 않고 바다에 꽃을 심는 행위를 반복하기, 즉 "더 가든한 바다"가 되어야 한다는 것. "온도가 살아가는 방법" 역시 "무던한 마음뿐"이고 그것이 "더 마음다워지"는 길이다. 어쩌면 이별의 순간은 사랑의 순간에 이미 항상 준비되어 있을지도 모른다. "바람이 뜨겁던 밤 우리가 잡은 손 사이로 언제든 자라지 않을 준비가 된 거리가 있었"고(「첫 줄」) "다정하고 따뜻한 혼잣말이 가장 위로가 되는 때가 있었"(「우주의 기억」)으므로. 이제 "모든 날이 보통 날이 되어가는 날이다" 그렇지만 "기다리지 않음으로 가까워지는 것들"(「우리의 바다」)을 볼 수 있게 되었고 "작은 나의 작은 세상에 곁을 두는 것들에게" "고맙다고 말해도 되

---

[2] 윌리엄 제임스, 정명진 역, 『심리학의 이해』, 부글, 2014.

는 것들이 많아졌다"(「일종의 마음」). 그렇다면 이제 마지막으로 물을 수 있다. 모든 날이 보통 날이어서 "다정하게 무뎌지고 익숙해지는 바람과 돌아올 계절의 이야기를 짐작할 수 있을까?"(「노인과 숲」) '아마도 아닐 거야'라고 답할 수 있지 않을까? "익숙한 순서가 모든 끝을 준비해주지는 않"(「그만큼의 이야기」)으니까.

　이제야의 시집 『일종의 마음』이 어떤 시집이냐고 물으면 대답하기 어렵다. 그러나 이 시집에서 필자가 무엇을 보았냐고 물으면 답할 수 있다. 그녀는 "햇빛에도 웃는다는 민들레가 외로움을 느낀 어느 날에 옷장에서 겨울 외투를 꺼내 덮어준 적이 있"(「우리의 바다」)을지도 모르겠다고. 그녀는 체온을 나눌 줄 아는 섬세하고 따뜻한 사람일 수도 있겠다고 말이다.

시인동네 시인선 205

일종의 마음
ⓒ 이제야

초판 1쇄 발행　2023년 5월 29일
초판 3쇄 발행　2023년 12월 14일
지은이　이제야
펴낸이　김석봉
디자인　헤이존
펴낸곳　문학의전당
출판등록　제448-251002012000043호
주소　충북 단양군 적성면 도곡파랑로 178
전화　043-421-1977
전자우편　sbpoem@naver.com

ISBN　979-11-5896-594-5　03810

*이 책의 판권은 지은이와 문학의전당에 있습니다.
*양측의 서면 동의 없는 무단 전재 및 복제를 금합니다.
*잘못 만들어진 책은 바꿔드립니다.